Crea Cuentos Fascinantes:

Libro Educativo para niños 7+

Por: Ana María De la Guardia

Junio 21, 2022

Primera Edición

Introducción

Por medio de este libro aprenderás qué es un cuento, cuáles son sus características, las partes de un cuento, los géneros y mucho más.

Verás, saber qué es un cuento es muy importante, porque nos enseña a desarrollar ideas y pensamientos, ayudándonos a crecer como personas. Además, es importante porque los cuentos son arte, y el arte es una de las cosas más bellas de este mundo.

Emplear tu parte artística es esencial para que puedas desarrollarte plenamente como ser humano.

¿Qué es un cuento?

Un cuento es una narración corta, oral o escrita, con una cantidad de personajes reducida; específicamente una ficción donde se desarrolla una trama con inicio, clímax y un desenlace rápido.

La historia del cuento corto

Hace muchos años atrás, antes de que se inventara la escritura, las personas se reunían en cuevas o al aire libre alrededor de fogatas, a contar historias de estilo mítico para explicar de forma primitiva lo que ocurría a su alrededor.

Al crearse la escritura, se comienzan a escribir cuentos como El Arca de Noé en la Biblia. La Biblia está llena de cuentos utilizados para pasar enseñanzas y moralejas, cuentos que viven hasta hoy por el gran impacto que tuvieron.

Luego aparecieron las obras literarias como tal que pasaron por muchos movimientos diferentes hasta llegar a la actualidad.

¿En qué consiste un cuento corto?

Un cuento consiste, en forma general, en tres partes: el comienzo, el medio (nudo) y el final (desenlace).

Supongamos que estás contando el cuento de la Caperucita Roja: el comienzo de la historia es cuando la conocemos y aprendemos lo que sucede a su alrededor.

En la historia nos enteramos de que va camino a la casa de su abuela a través del bosque; este es el comienzo del cuento.

La mitad de la historia es cuando aparecen los problemas: ella no lo sabe, pero un lobo la ha visto e, inmediatamente, este se va a la casa de la abuela; se la come y se hace pasar por la abuela esperando a que Caperucita llegue.

El final del cuento es cuando todo se resuelve: un hombre con un hacha derrota al lobo y todo vuelve a estar bien de nuevo.

Es decir: principio (conocer), medio (problema), final (problema resuelto)

Elementos de un Cuento

Los cuentos tienen 5 elementos:

Un narrador: Es quién narra el cuento, que puede ser o no parte del cuento, el narrador puede ser testigo, protagonista o que todo lo ve y todo lo sabe.

Unos personajes: Son los que participan en la trama dentro del cuento. Siempre uno principal o protagonista, puede haber personajes que acompañan al protagonista a través de la trama o personajes que se oponen al protagonista, llamados antagonistas, que ponen obstáculos en el camino del protagonista.

Un tiempo: El tiempo son de dos tipos: el tiempo que toma leer el relato y el tiempo que transcurre en el relato que puede ser, minutos, meses o años.

Un lugar: Ubicaciones donde ocurre la trama del cuento puedo ser uno o varios.

Una trama: Es la serie de acontecimientos que ocurren en el cuento que pueden ocurrir en modo lineal.

Personajes:

Personajes son personas, animales o cualquier ser vivo que forma parte del cuento.

Pregúntate:

¿Quiénes forman parte del cuento?

Lugar:

El sitio es el tiempo y lugar donde ocurre el cuento.

Pregúntate:

¿En qué lugar y cuando ocurre el cuento?

Despegue:

El evento que hizo que la historia comenzara

Pregúntate:

¿Cómo comenzó la historia?

Problema:

El problema que le ocurre al personaje principal

Pregúntate:

¿Qué ocurrió mal?

Partes de un Cuento

Sentimientos:
Cómo los personajes se sienten sobre los eventos.

Pregúntate:
¿Cómo se siente el personaje principal sobre el problema?

Plan:
Lo que planifican los personajes para resolver el problema.

Pregúntate:
¿Qué pensaron los personajes que arreglaría el problema?

Acción:
Todas las cosas que hace el personaje para resolver el problema.

Pregúntate:
¿Qué hicieron el (los) personaje(s) para resolver el problema)

Solución:
Cómo el problema finalmente se resuelve

Pregúntate:
¿Cómo se resolvió el problema?

Partes de un Cuento

Desenlace:
Cómo termina el cuento puede ser una lección, un resumen o un sentimiento.

Pregúntate:
¿Cómo terminó la historia?

Estructura de un Cuento

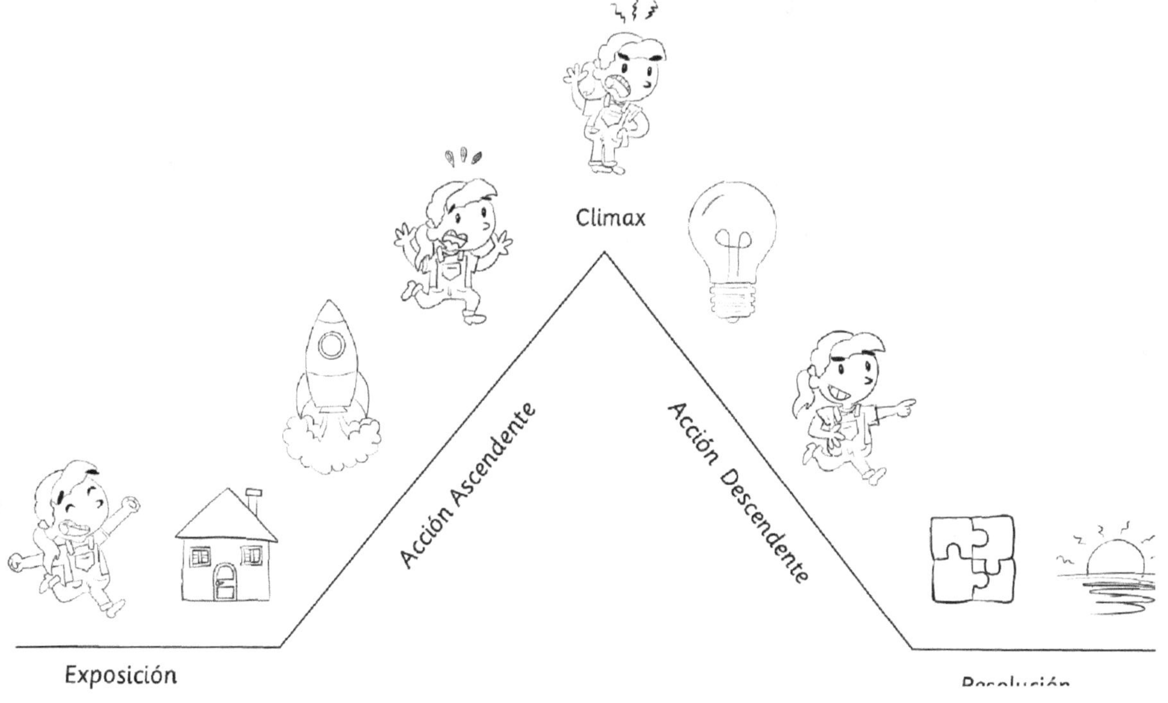

Estructura de un Cuento

Cuando un cuento inicia, se escribe sobre quién es el protagonista, además se describe el lugar y el momento donde se da el cuento, esto se llama Exposición.

Luego ocurre el despegue, esta es la situación que hace que la historia comience, esto puede ser que él(la) protagonista se haya ido de viaje o haya recibido una carta importante.

Después viene el problema o el evento difícil que le ocurre al protagonista que debe resolver, que viene seguido del sentimiento, es decir, cómo se siente el protagonista sobre el problema que tiene.

Luego de esto viene el plan y las acciones que el protagonista toma para resolver el problema. Finalmente, este(a) resuelve el problema y ocurre el desenlace, es decir, como termina el cuento, a esto se le llama Resolución.

¿Qué tipos de cuentos existen?

Existen dos tipos de cuentos: populares y literarios.

Los cuentos populares son aquellos que originalmente son de procedencia oral.

Estos pueden ser:

Cuentos de hadas o magia: el cuento de la caperucita roja era un cuento oral antes de ser escrito.

Fábulas: Son cuentos que pretender ofrecer una moraleja o enseñanza, tienden a utilizar animales, pero agregándoles características humanas.

Cuentos de costumbres: Estas son historias de las épocas de los feudales (reyes y princesas) y los campesinos.

En cambio, los cuentos literarios se crearon específicamente de forma escrita e incluyen todas las obras literarias que conocemos hoy en día.

¿Cuáles son las características de un cuento?

Aunque los cuentos pueden ser muy diferentes, todos siguen las siguientes características:

1. Se centran en un protagonista. (el personaje principal)
2. Son breves.
3. Desde el comienzo están situados en un lugar y tiempo: "Había una vez un príncipe que vivía en un castillo encantado".
4. Las acciones realizadas en el cuento desencadenan consecuencias.
5. Existen personajes claves en la historia que apoyan al protagonista a progresar en la trama.
6. Los personajes más importantes deben resolver problemas y trabajar duro para progresar y lograr su objetivo.
7. Es ficticio, aunque el cuento puede estar basado en hechos reales, está más dirigido a lo fantástico.

¿Qué hace que un cuento sea fascinante?

Siguiendo todo lo mencionado anteriormente, es importante agregar que, al crear tu cuento, cuanto más puedas decir o describir sobre tus personajes mejor será.

Si puedes decir, que tiene el cabello rojo, pecas, hacerlo/a reír con un chiste o incluso decir en voz alta lo que está pensando, todo eso hará el cuento más fascinante.

Trata de describir el sitio alrededor de tu personaje: ¿Cómo era el sitio en el que estaba? ¿Era oscuro o lleno de luz? Comienza el cuento relatando esto. Luego agrega descripciones más específicas, como los lugares a donde el protagonista o cualquier personaje llega o va.

Finalmente, trata de describir cómo se sintió tu personaje a lo largo del cuento, ¿se asustó en algún momento? ¿Se sintió aliviado/a en algún momento? Estos son los cimientos de un cuento.

Ahora que sabes todo esto, ¡crearás cuentos fascinantes!

Instrucciones: Escribe una cuento y conversa con el resto del grupo como aplica lo que aprendiste en tu cuento.

Escribe un cuento en el que seas un(una) astronauta perdido(a) en Marte, ¿cómo vas a sobrevivir?

Escribe un cuento sobre un duende mágico en busca de una princesa,

¿por qué la busca?

Escribe el cuento de la tortuga y el conejo, pero esta vez
llegaron empate, ¿cómo llegaron empate?
¿Cuál es la moraleja?

Un libro de conjuros tiene maneras de convertir personas en fantasmas, escribe un cuento donde incluyas al libro.

Eres un(a) Faraón (Reina-Faraón) egipcio(a) y de repente en tu reino empiezan a caer sapos del cielo. ¿Cómo resuelves el problema? Escribe el cuento.

Escribe un cuento de algo que piensas que está
ocurriendo ahora mismo en otra galaxia. Escríbelo aquí.

Cuenta un cuento de un inocente gigante, viviendo en paz hasta que la gente chiquita quiso quitarle su ganso de oro.

Un ladrón ardilla está en busca de una nuez de oro,

sospecha que el ratón la tiene. Escribe el cuento.

Fuiste a una aventura en el bosque donde conociste a otros niños en busca de las ruinas perdidas, escribe el cuento.

Escribe un cuento de amistad entre un ratoncito y un elefante.

¿Cómo se hicieron amigos? ¿Qué aventura vivieron?

Escribe un cuento donde eres un detective buscando pistas para resolver un caso. ¿Qué caso te asignaron? ¿Cómo se resolvió el caso?

Escribe un cuento sobre una princesa que la convierten en algo,
¿en qué la convierten? ¿Cómo se salva?

Escribe una historia sobre Eric, mitad pato, mitad perro, que es un superhéroe justiciero. Crea el personaje y escribe una historia sobre él.

Escribe el cuento de Caperucita Roja, pero esta vez el lobo es un robot del futuro, ¿cómo iría el cuento ahora?

Unos extraterrestres llegan a la tierra y quieren llevarse
a todos los gatos, escribe el cuento.

Desarrollo de Personajes

Para hacerlo, debes pensar en tu personaje y responder las siguientes preguntas:

Vida

¿Quiénes son sus padres? ¿Dónde vive? ¿Cómo ha sido su vida? Trata de crear una historia de qué le ha pasado.

Personalidad

¿Cómo es él o ella? ¿Es una persona feliz, triste, emocionada, lleno/a de energía, juguetona, aburrido/a, chistoso/a? ¿Cómo piensa?

Costumbres

¿Cuáles son sus pasatiempos? ¿Qué le gusta hacer?

Atuendo y físico

¿Cómo se ve? ¿Cómo se viste o peina?

Al escribir un cuento, es bueno saber quién es tu personaje para que él o ella participe de tu historia de una forma más real y creíble.

Instrucciones: Crea el perfil de tu personaje y conversa con el resto del grupo, como aplica lo que aprendiste a tu personaje.

Crea el perfil de la Caperucita Roja, describe su vida, personalidad, costumbres, atuendo y físico.

Crea el perfil de Rapunzel, describe su vida,

personalidad, costumbres, atuendo y físico.

Crea el perfil de Santa Claus, describe su vida, personalidad, costumbres, atuendo y físico.

Crea el perfil de ___________________, describe su vida,

personalidad, costumbres, atuendo y físico.

Crea el perfil de _____________________, describe su vida, personalidad, costumbres, atuendo y físico.

Crea el perfil de _____________________, describe su vida, personalidad, costumbres, atuendo y físico.

Crea el perfil de ___________________, describe su vida, personalidad, costumbres, atuendo y físico.

Crea el perfil de _________________________, describe su vida,

personalidad, costumbres, atuendo y físico.

Crea el perfil de _____________________, describe su vida, personalidad, costumbres, atuendo y físico.

Crea el perfil de __________________, describe su vida, personalidad, costumbres, atuendo y físico.

Crea el perfil de ___________________, describe su vida, personalidad, costumbres, atuendo y físico.

Crea el perfil de _____________________, describe su vida,

personalidad, costumbres, atuendo y físico.

Crea el perfil de ___________________, describe su vida,
personalidad, costumbres, atuendo y físico.

Crea el perfil de _____________________, describe su vida, personalidad, costumbres, atuendo y físico.

Crea el perfil de _________________________, describe su vida, personalidad, costumbres, atuendo y físico.

Géneros de los cuentos

Los géneros son categorías en las que se dividen los cuentos, basados en su contenido y lo que cuentan.

Estas son las categorías más importantes:

- **Cuentos de ciencia ficción:** Naves espaciales, extraterrestres, robots futurísticos.

- **Cuentos de hadas:** Hadas, princesas, reyes, varitas mágicas.

- **Fábulas/Cuentos de animales:** Conejos o tortugas que hablan.

- **Cuentos de terror y fantasmas:** Casas embrujadas, libros de fantasmas.

- **Cuentos cómicos:** Cuentos que dan risa o pasan cosas graciosas.

- **Cuentos históricos:** Cuentos sacados de la historia real.

- **Cuentos de crimen y misterio:** Robos de bancos, investigaciones policiacas.

- **Cuentos de aventuras:** Búsqueda del tesoro, misión para subir el Everest.

- **Cuentos de amor:** Amistad y romance.

- **Cuentos de recuentos de la vida:** Cuentos sobre la vida de alguien.

Cada género tiene su forma específica de escribirse, también es importante saber que cada género, tiene subgéneros, donde los cuentos son más especializados.

Indicaciones: Escribe un cuento y conversa con el resto de grupo sobre las diferencias en los géneros.

Un niño y una niña se fueron a comprar un juguete. Escribe más sobre este cuento, pero hazlo de ciencia ficción.

Un niño y una niña se fueron a comprar un juguete. Escribe más sobre este cuento, pero hazlo de misterio.

Imagínate que estás perdido en el bosque con uno de tus padres; se está haciendo de noche y se está apagando la fogata. Escribe una historia de qué pasa después, pero hazla tipo cuento de hadas.

Saliste a comer helado con tus amigos/amigas, la pasaron

súper divertido. Escribe el cuento,

pero hazlo como un cuento de terror.

Crea un cuento de crimen que incluya

cuatro elementos: algunos bichos,

zapatillas, un niño y una niña.

Una reina está en su día de coronación, escribe

el cuento, pero hazlo un cuento de amor.

Una reina está en su día de coronación, escribe el cuento,

pero hazlo de ciencia ficción.

Es Navidad y Santa trajo

muchos regalos. Escribe el cuento

como una *fábula*.

Es Navidad y Santa trajo
muchos regalos. Escribe el cuento, ahora como un
cuento de fantasmas.

Tu mamá prende las luces de tu cuarto, encuentra una pizza en el piso, las zapatillas guindadas del abanico y la computadora rota. Escribe el cuento desde el comienzo, pero hazlo como un cuento de aventura.

Crea una historia de hadas utilizando los siguientes

elementos: una lapicero o pluma,

unas zapatillas, un niño y una niña.

Crea un cuento de terror usando los

siguientes elementos: dos dados, un tablero y dos niños.

Escribe el nombre de 2 personas y el nombre de 3 objetos.

Crea un cuento utilizando estos elementos,

pero que sea un cuento que incluya animales que hablan.

Escribe un cuento donde tienes superpoderes y necesitas salvar a uno de tus padres de un malhechor, hazlo un cuento de amor.

¡Gracias por comprar este libro!

Cualquier comentario o sugerencias que tengas sobre

alguno de los libros de la Serie: Crea Cuentos Fascinantes

no dudes a enviarlo a: me@anamariadelaguardia.com